Einsterns Schwester

leicht gemacht

2

Themenheft 1

Sprache untersuchen

Herausgegeben von
Roland Bauer, Jutta Maurach

Erarbeitet von
Roland Bauer, Jutta Maurach,
Martina Schramm

Cornelsen

Inhaltsverzeichnis

So kannst du mit den Heften arbeiten

Du machst alle
Seiten der Lernportion 1.

Zuerst im grünen Heft.	Dann im roten Heft.	Dann im gelben Heft.	Und dann im blauen Heft.

Danach machst du in
allen Heften die Lernportion 2.

Nun machst du in
allen Heften die Lernportion 3.

Genauso bearbeitest du
alle anderen Lernportionen.

1 Vornamen ordnen

1 Schreibe die Namen der Mädchen und Jungen in die Tabelle.

Mädchen		Jungen	
Lisa	✓		

2 Schreibe deinen Namen auch in die Tabelle.

3 Prüfe, ob du alle Namen richtig geschrieben hast.
Setze ✓, wenn alles stimmt.

4 Unterstreiche bei den Namen in 1 den großen ersten Buchstaben.

1 Nomen für Menschen kennenlernen

1 Lies die Regel genau.

Wörter für Menschen sind **Nomen**.
Nomen schreibe ich groß:
die Mama, der Papa, das Kind.

2 Lies den Text.

Dies sind meine 

und mein 

.

Es sind die Eltern meiner Mutter.

Hier siehst du meine 

und meinen 

.

Ich habe auch einen 

und eine 

.

3 Schreibe die Nomen zu den Bildern.

 Schwester ✓

4 Unterstreiche bei den Nomen aus 3 immer den großen ersten Buchstaben.

1 Nomen für Menschen schreiben

1 Schreibe unter jedes Bild das passende Nomen.

die Busfahrerin	die Ärztin	der Frisör	der Lehrer
der Bäcker	die Verkäuferin	der Koch	der Bauer

die Busfahrerin

2 Unterstreiche bei den Nomen aus 1 immer den großen ersten Buchstaben.

1 Nomen für Tiere kennenlernen

1 Lies die Regel genau.

Wörter für Tiere sind **Nomen**.
Nomen schreibe ich groß:
die Ameise, der Fisch, das Zebra.

2 Verbinde die Silben.

	Bie	bra
	Ze	ne
	Lö	se
	Af	we
	Ha	fe

3 Schreibe die Nomen für Tiere aus 2 auf.
Unterstreiche immer den großen ersten Buchstaben.

 die Biene

1 Nomen für Tiere schreiben

1 Schreibe nur die sechs Nomen für Tiere ab.

Ameise | Katze | Salat | Ente | Hase | Zebra | Igel

die Ameise,

2 Unterstreiche in 1 immer den großen ersten Buchstaben.

3 Setzt die passenden Nomen ein.
Unterstreicht immer den großen ersten Buchstaben.

Das Zebra hat Streifen.

Der ______ hat lange Ohren.

Die ______ hat einen Stachel.

Der ______ hat eine Mähne.

Der ______ hat braunes Fell.

1 Nomen für Pflanzen kennenlernen

1 Lies die Regel genau.

Wörter für Pflanzen sind **Nomen**.
Nomen schreibe ich groß:
die Rose, der Baum, das Gras.

2 Verbinde die Silben.

 Bir — ne
 Tan — pe
 Pal — ke
 Ro — me
 Tul — se

3 Schreibe die Nomen für Pflanzen aus 2 auf.
Unterstreiche immer den großen ersten Buchstaben.

 die Birke

1 Nomen für Dinge kennenlernen

① Lies die Regel genau.

> Wörter für Dinge sind **Nomen**.
> Nomen schreibe ich groß:
> die <u>B</u>utter, der <u>K</u>äse, das <u>M</u>esser.

② Schreibe zu jedem Bild das richtige Nomen.

Tasse | Kuchen | ~~Brot~~ | Löffel | Wurst | Messer

-  das Brot ✓
- 
- 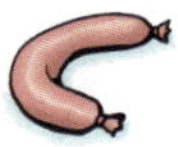
- 
- 
- 

③ Schreibe weitere Nomen für Dinge auf.

1 Nomen für Dinge ordnen

1 Trage die Nomen für Dinge in die Tabelle ein.

STOPP

 die Wurst	 die Tasse	 der Löffel	 der Saft
 das Brot	 das Messer	 die Butter	 der Kuchen
 der Tisch	 der Käse	 die Gabel	 der Teller

Lebensmittel		Gegenstände	
die Wurst	✓		

2 Unterstreiche in der Tabelle bei den Nomen immer den großen ersten Buchstaben.

1 Nomen für Dinge finden

1 Kreise ein.

a) 6 Dinge im Haus

Sessel, Tisch, Tür, Fenster, Nase, Straße, Sofa, Stuhl, Baum

b) 6 Dinge in der Schule

Stift, Zebra, Radierer, Katze, Heft, Tafel, Lineal, Kuh, Buch, Affe

2 Schreibe die eingekreisten Nomen aus 1 a) oder b) auf.
Unterstreiche immer den großen ersten Buchstaben.

der

2 Bestimmte Artikel kennenlernen

1 Lies die Regel genau.

Nomen haben **bestimmte Artikel:**
der Traktor, **die** Kutsche, **das** Schiff.

2 Schreibe unter jedes Bild das passende Nomen mit Artikel.

~~der Traktor~~ | die Ampel | der Bagger | das Mofa | der Zug
das Schiff | der Bus | das Auto | die Kutsche

der Traktor

3 Unterstreiche die bestimmten Artikel in 2.

2 Bestimmte Artikel und Nomen zuordnen

1 Ordne die folgenden Nomen nach ihrem bestimmten Artikel.

Elefant · Katze · Pferd · Zahn · Hummel

Bein · Rüssel · Tatze · Ohr · Schwanz · Milch · Fell

der Elefant,

2 Ergänze in 1 jeweils selbst ein Nomen mit seinem Artikel.

2 Unbestimmte Artikel kennenlernen

1 Lies die Regel genau.

Nomen haben auch **unbestimmte Artikel:**
ein Messer, **eine** Gabel, **ein** Sieb.

2 Schreibe die Nomen passend in die Tabelle.

Messer · Gabel · Reibe · Deckel · Löffel · Schüssel

Sieb · Pfanne · Tasse · Glas · Kanne · Teller

ein	eine
ein Messer ✓	

3 Unterstreiche in 2 die unbestimmten Artikel.

2 Bestimmte und unbestimmte Artikel verwenden

1 

2 Ergänze die Artikel **der**, **die** oder **das**.

Um 7 Uhr läutet der Wecker.

Lisa steht auf. Sie geht in ______ Badezimmer,

dann in ______ Küche. Dort steht ______ Tisch.

Ihre Mutter hat ______ Frühstück schon vorbereitet.

Lisa holt noch ______ Marmelade.

Dann holt sie ______ Tasche

für ______ Schule.

Danach verlässt Lisa ______ Haus.

3 Lies den Text einem Kind vor.

3 Mehrzahlwörter mit -e kennenlernen

1 Lies die Regel genau.

Nomen gibt es in der **Einzahl** und in der **Mehrzahl.**
Bei der Mehrzahl heißt der bestimmte Artikel immer **die:**
der Arm – **die Arme,** das Bein – **die Beine.**

2 Schreibe zu jedem Bild die Mehrzahl.

die Arme | die Ringe | die Köpfe | die Zähne
~~die Strümpfe~~ | die Beine | die Schuhe

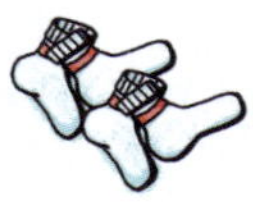
die Strümpfe

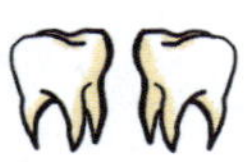

3 Unterstreiche in **2** immer die Endung **e**.

3 Mehrzahlwörter mit -n kennenlernen

1 Trage die Wörter in der Mehrzahl passend ein. Unterstreiche **n** am Ende.

~~die Fliegen~~ | die Blumen | die Schnecken | die Wolken | die Jungen | die Hosen | die Enten

die Fliegen

2 Ergänze die Tabelle.
Unterstreiche bei der Mehrzahl **n** am Ende.

Mehrzahl	Einzahl
viele Brillen	eine Brille
viele Wolken	
	eine Blume
viele Enten	

3 Mehrzahlwörter mit -er entdecken

1 Lies die Sätze.

- ◯ Lea hat ein schönes Bild gemalt.
- ◯ Lea hat viele schöne Bilder gemalt.

- ◯ Mama hat ein neues Kleid gekauft.
- ◯ Mama hat zwei neue Kleider gekauft.

- ◯ Tim hat ein Buch gekauft.
- ◯ Tim hat drei Bücher gekauft.

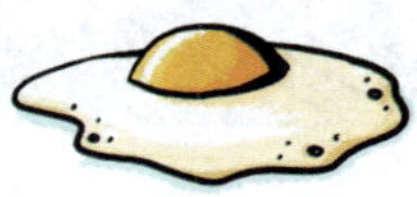

- ◯ Papa hat ein Ei gebraten.
- ◯ Papa hat vier Eier gebraten.

2 Kreuze zu jedem Bild den passenden Satz an.

3 Ergänze die Tabelle. Unterstreiche er.

Einzahl	Mehrzahl
das Bild	die Bild<u>er</u>
das Kleid	
das Buch	
das Ei	

3 Mehrzahlwörter ohne Veränderung kennenlernen

1 Verbinde die Paare.

	das Kissen	die Teller
	der Teller	die Kissen
	der Beutel	die Dackel
	das Fenster	die Ferkel
	der Dackel	die Beutel
	das Ferkel	die Fenster

2 Schreibe die Paare aus 1 in die Tabelle.

STOPP

Einzahl	Mehrzahl
das Kissen ✓	die Kissen ✓
der	

3 Unterschiedliche Mehrzahlwörter erkennen

1 Malt alle fünf Nomen in der Mehrzahl farbig an.

die Blätter | die Eule | die Schuhe | die Wolken

die Gabel | die Straßen | die Puppe

das Flugzeug | die Vögel | die Uhr | die Schere

2 Trage die Nomen in der Mehrzahl aus 1 in die Tabelle ein.
Ergänze die Einzahl.

Mehrzahl	Einzahl
die Blätter	das Blatt
die	

3

4 Verben kennenlernen

1 Lies die Regel genau.

Verben sagen, was man tut:
essen, schlafen, trinken, wachsen.
Verben schreibe ich klein.

2 Schreibe unter jedes Bild das passende Verb.

STOPP

sitzen | schlafen | trinken | essen | hören

schneiden | malen | lesen | rechnen

sitzen

4 Verben zusammensetzen und erkennen

1 Finde die passenden Silben.
Schreibe das Verb zum Bild.

~~es~~	trin	schla	le	ma	rech
fen	ken	~~sen~~	len	sen	nen

essen

2 Verbinde passend.

Die Ente	piepst vor Angst.
Der Hund	schnattert auf der Wiese.
Die Maus	bellt den Briefträger an.
Der Vogel	quakt im Teich.
Der Frosch	zwitschert hoch im Baum.

3 Unterstreiche die Verben in 2 rot.

4 Nomen und Verben erkennen

1 Lies die Tipps der Kinder.

2 Unterstreicht alle **Nomen** blau und die **Verben** rot.

BESEN KEHREN

HOSE BÜGELN

LAPPEN PUTZEN

KOCHEN HERD

BRATEN PFANNE

BACKEN KUCHEN

BEZIEHEN BETT

4 Verben in der Ich-Form und Du-Form bilden

1 Lies die Regel genau.

Verben verändern sich:
Ich singe. Du singst.

2 Kreuze an, was du gern tust.

malen

spielen

bauen

kochen

singen

3 Schreibe die Ich-Form und die Du-Form zu den Verben aus 2 auf.

Ich-Form	Du-Form
ich male	du malst
ich	

4 Unterstreiche in 3 die Endungen e und st.

4 Verben in der Er-Form und Sie-Form bilden

1 Verbinde wie im Beispiel.

kochen	füllen	mischen	gießen	schneiden
er mischt	sie schneidet	er kocht	er füllt	sie gießt

2 Tim macht einen Auflauf mit Nudeln.
Die Oma hilft ihm dabei.
Ergänze, was jeder tut.

kochen	Er	kocht	Nudeln.
gießen	Sie	____	die Nudeln durch ein Sieb ab.
füllen	Er	____	die Nudeln in eine Form.
schneiden	Sie	____	die Pilze.
mischen	Er	____	die Nudeln und die Pilze.
reiben	Sie	____	den Käse über die Nudeln.
schieben	Er	____	die Form in den Ofen.

4 Verben in der Wir-Form und Ihr-Form finden

1 Lies, was die Kinder sagen.

2 Schreibe die Sätze aus 1 ab.

STOPP

Wir tanzen zusammen.

Wir

Ihr tanzt

3 Unterstreiche die Verb-Endungen in 2.

4 Unterschiedliche Verbformen bilden

1 Schreibe die Verben passend in die Tabelle.

STOPP

ihr lernt | ich spiele | er lernt | wir lernen | du spielst | wir spielen

ich lerne | ihr spielt | sie spielen | du lernst | er spielt | sie lernen

lernen	spielen
ich lerne	ich
du	
er	
wir	
ihr	
sie	

2

⚀	ich	⚀	spielen
⚁	du	⚁	turnen
⚂	er, sie	⚂	bauen
⚃	wir	⚃	singen
⚄	ihr	⚄	malen
⚅	sie (alle)	⚅	hüpfen

5 Adjektive kennenlernen

1 Lies die Regel genau.

Adjektive sagen, **wie** etwas ist:
nass, rund, lang.
Adjektive schreibe ich klein.

2 Schreibe unter jedes Bild das passende Adjektiv.

~~nass~~ | rund | lang | grün | kaputt

scharf | laut | sauer | schief

nass

5 Mit Adjektiven beschreiben

1 Betrachte das Bild.

2 Verbinde jedes Nomen mit dem passenden Adjektiv.

Tasche	rot	Haare	blau
Pullover	braun	Augen	schwarz
Hose	grau	Knöpfe	lockig
Mantel	grün	Stiefel	rund

3 Kreuze an, was zum Bild passt.

- ○ Die Tasche ist **grau.**
- ○ Der Pullover ist **rot.**
- ○ Die Hose ist **grün.**
- ○ Der Mantel ist **braun.**
- ○ Die Haare sind **lockig.**

4 Schreibe zwei weitere Sätze wie in 3.

5 Rätsel lösen und Adjektive erkennen

1 Lies die vier Rätsel.

1

Es ist lang,
es ist spitz,
man schreibt damit.

eine Schlange | ein Stift | ein Lehrer | ein Brief

2

Es ist rund,
es ist hohl,
es kann hüpfen.

ein Topf | ein Teller | ein Ball | ein Junge

3

Es ist kalt,
es ist süß,
man isst es gern.

ein Kuchen | ein Tee | ein Fisch | ein Eis

4

Es ist grün,
es ist leicht,
es hängt am Baum.

ein Affe | eine Banane | eine Blume | ein Blatt

2 Unterstreiche alle Adjektive.

3 Male an, was es ist.

5 Das Gegenteil finden

1. **Sauer** ist das Gegenteil von **süß**,
wenig ist das Gegenteil von **viel** …
Male die Wortpaare jeweils mit der gleichen Farbe an.

voll | süß | klein | gesund | falsch | viel | krank | sauer

arm | dick | reich | leer | dünn | richtig | groß | wenig

2. Trage die Wortpaare von 1 in die Tabelle ein.

voll	leer
süß	

5 Adjektive anpassen

1 Lies die Regel genau.

Adjektive können sich verändern:
krank – der kranke Franz.

2 Lies und schreibe wie im Beispiel.

Lene ist lustig.

die lustige Lene

Greta ist stark.

die

Franz ist krank.

der

Marie ist wütend.

Fritz ist traurig.

Eugen ist schwach.

3 Unterstreiche bei den Adjektiven in 2 e am Ende.

6 Oberbegriffe kennenlernen

1 Lies die Regel genau.

Für Nomen, die zusammengehören, gibt es einen **Oberbegriff**:
Ball, Puppe, Teddy sind **Spielzeug**.
Hammer, Säge, Bohrer sind **Werkzeug**.

2 Schreibe die Nomen mit dem Artikel zu den Oberbegriffen.

STOPP

Hammer · Puppe · Säge · Ball · Zange · Feile

Teddy · Schere · Roller · Puzzle · Bohrer · Würfel

Spielzeug

Werkzeug

der Hammer ✓

6 Nomen zu Oberbegriffen kennen

1 Streiche immer ein Nomen, das nicht zum Oberbegriff passt.

Wurst

Salami | Quark | Bratwurst | Leberwurst

Gebäck

Brot | Pudding | Brötchen | Kuchen

Milchprodukte

Jogurt | Käse | Salat | Quark

Nachtisch

Pudding | Eis | Spinat | Obstsalat

Kleidung

Hose | T-Shirt | Sessel | Mantel

6 Wortfelder kennenlernen

1 Lies die Regel genau.

Wörter mit einer ähnlichen Bedeutung bilden ein **Wortfeld**:
sagen, **flüstern**, **erzählen** gehören zum Wortfeld **sprechen**.

2 Unterstreiche die Verben des Wortfelds **sprechen** rot.
Unterstreiche die Verben des Wortfelds **sehen** grün.

schauen | rufen | betrachten | erzählen | blicken | flüstern

beobachten | brüllen | sagen | gucken | reden | glotzen

3 Ordne die Verben aus 2 in die Tabelle ein.

Wortfeld **sprechen**	Wortfeld **sehen**
	schauen ✓

6 Mit Wortfeldern und Oberbegriffen umgehen

1 Male alle Verben an, die zum Wortfeld gehören.
Nimm die passende Farbe.

Wortfeld essen

schmatzen | kauen | schnarchen | schlürfen

Wortfeld musizieren

flöten | träumen | trommeln | singen

Wortfeld malen

dösen | zeichnen | färben | anstreichen

Wortfeld streiten

zanken | kämpfen | raufen | schlummern

2 Schreibe die Wörter aus 1 auf,
die du nicht angemalt hast.

schnarchen,

3 Finde das Wortfeld zu 2.

Wortfeld ______

6 Verben des Wortfeldes *gehen* kennen

1

2 Ordne die Verben passend zu.

STOPP

kriechen | ~~wandern~~ | trampeln | watscheln

rennen | humpeln | schleichen

durch die Landschaft **gehen**: wandern ✓

schnell **gehen**:

leise **gehen**:

nah am Boden **gehen**:

ungleichmäßig **gehen**:

wie ein Elefant **gehen**:

wie eine Ente **gehen**:

7 Zusammengesetzte Nomen kennenlernen

1 Lies die Regel genau.

Zusammengesetzte Nomen beschreiben Dinge genauer:
Ball – **Fußball**, Kuchen – **Apfelkuchen**.
Zusammengesetzte Nomen schreibe ich nur am Anfang groß.

2 Schreibe die zusammengesetzten Nomen auf.

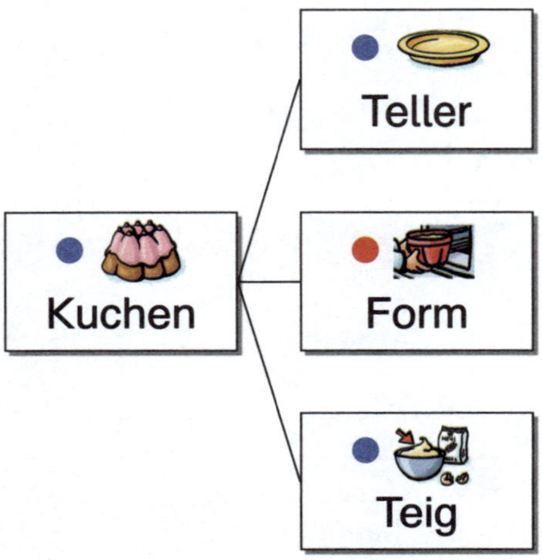

Kuchenteller

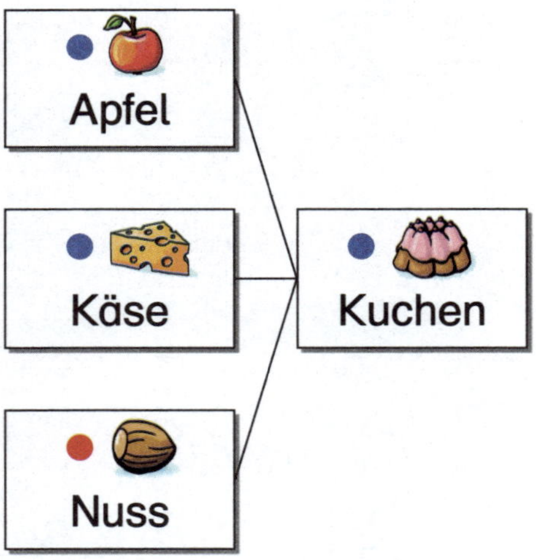

3 Unterstreiche in 2 die großen Buchstaben am Anfang.

7 Zusammengesetzte Nomen trennen

1 Die Nomen bestehen aus zwei Wörtern.
Schreibe sie wie im Beispiel auf.

die Regentonne — der Regen, die Tonne

das Regenwasser — der Regen, das

der Regenschirm

die Windmühle

das Windrad

die Windjacke

die Schneeflocke

die Schneebrille

die Schneeschaufel

7 Vorsilben *ver* und *vor* kennenlernen

1 Lies die Regel genau.

Vorsilben sind Wortbausteine.
Vorsilben verändern die Bedeutung von Wörtern:
schreiben, **ver**schreiben, **vor**schreiben.

2 Lies und ergänze **ver** oder **vor**.

Fehler machen ⟶ sich im Heft [ver] schreiben

sagen, was jemand tun soll ⟶ jemandem etwas [____] schreiben

nicht mehr böse sein ⟶ sich nach einem Streit [____] tragen

für jemanden singen ⟶ ein Lied [____] tragen

jemanden zuerst etwas tun lassen ⟶ jemanden [____] lassen

aus dem Haus gehen ⟶ das Haus [____] lassen

die Stimme verändern ⟶ die Stimme [____] stellen

sagen, wer die Freundin ist ⟶ die Freundin [____] stellen

7 Vorsilben *ein* und *aus* verwenden

1 Setze immer das Verb mit **ein** oder **aus** passend ein.

a) aus / ein → schlafen

Manchmal kann ich am Abend nicht einschlafen.

Dann möchte ich am nächsten Morgen ______________.

b) ein / aus → schalten

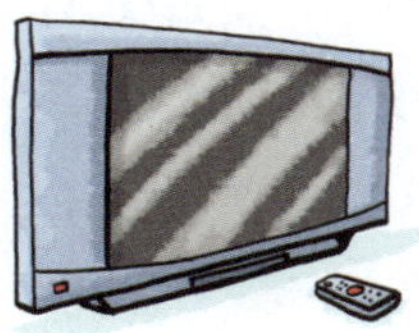

Vor der Sendung werde ich den Fernseher ______________.

Nach der Sendung muss ich ihn ______________.

c) ein / aus → packen

Vor der Reise müssen wir unsere Sachen ______________.

Nach dem Urlaub werden wir sie wieder ______________.

d) aus / ein → führen

Wir wollen feste Regeln ______________.

Dann muss ich Imo jeden Morgen ______________.

8 Aussagesätze kennenlernen

1 Lies die Regel genau.

In einem **Aussagesatz** erfahre ich etwas.
Den Anfang des Satzes schreibe ich immer **groß**.
Am Ende mache ich einen **Punkt**.
Tim baut eine Burg.

2 Schreibe Sätze. Denke an den großen Buchstaben am Anfang und den Punkt am Ende.

eine Burg | ~~Tim~~ | ~~baut~~

Tim baut

ihm | seine Schwester | hilft

legt | Papa | auf den Grill | die Wurst

die Zeitung | liest | Mama

genießen | den Tag | alle

8 Satztreppen lesen und schreiben

1 Lies abwechselnd mit einem Kind die Sätze vor.

a) Tim liest.
Tim liest abends.
Tim liest abends mit der Taschenlampe.
Tim liest abends mit der Taschenlampe unter der Decke.

b) Lisa erzählt.
Lisa erzählt im Bett.
Lisa erzählt im Bett ihrer Schwester.
Lisa erzählt im Bett ihrer Schwester von ihren Erlebnissen.

2 Schreibe den Satz als Treppe wie in 1.

Lisa | träumt | oft

vom Urlaub | am Meer

Lisa träumt.

8 Fragesätze kennenlernen

1 Lies die Regel genau.

Ein Satz, mit dem man etwas fragt,
heißt **Fragesatz**.
Danach steht ein **Fragezeichen**.
Wie alt sind Sie? Wo wohnst du?

2 Lisa stellt der Lehrerin Fragen.
Lies sie und verbinde sie mit den Antworten.

Wie alt sind Sie?	Ja, ich habe zwei Söhne.
Wo wohnen Sie?	Ich fahre gern ans Meer.
Haben Sie Kinder?	Ich bin 45 Jahre alt.
Was machen Sie gern?	Ich wohne in einem alten Haus.
Wohin fahren Sie in den Urlaub?	Ich treibe viel Sport.

8 Punkte und Fragezeichen ergänzen

1. Lies und trage am Ende einen Punkt oder ein Fragezeichen ein.

Wann kann man Schlitten fahren ?

Was ist Schnee

Ein Regenbogen kommt, wenn es regnet und die Sonne scheint

Kommt bei einem Gewitter zuerst der Donner oder der Blitz

Schnee ist Wasser, das zu Kristallen gefroren ist

Im Winter kann man Schlitten fahren

Zuerst blitzt es, dann folgt der Donner

Woher kommen Wärme und Licht auf der Erde

Woraus besteht Nebel

Wann kommt ein Regenbogen

Die Strahlen der Sonne wärmen und erhellen die Erde

Nebel besteht aus winzigen Tropfen, die in der Luft schweben

2. Verbinde in 1 Fragen und Antworten passend.

8 Ausrufesätze kennenlernen

1 Lies die Regel genau.

In einem **Ausrufesatz** wird etwas ausgerufen.
Danach steht ein **Ausrufezeichen.**
Achtung, ein Auto! Hurra, endlich Ferien!

2 Schreibe die Ausrufe zu den Bildern.

Hurra, endlich Ferien!	Achtung, ein Radfahrer!	Los, wir holen Eis!
Gute Reise, Frau Riedel!	Toll, keine Hausaufgaben!	

Hurra, endlich Ferien!

3 Markiere in 2 immer das Ausrufezeichen gelb.

8 Ausrufe bilden

1 Verbinde, was man tun kann.

Handys	Schuhe	Inliner	Wasser	Eis	Feuer
fahren	tragen	essen	benutzen	anzünden	trinken

2 Schreibe passende Ausrufe zu den Schildern.
Die Wörter aus 1 helfen dir.

Handys benutzen verboten!

8 Satzzeichen einsetzen

1 Lies und trage passende Satzzeichen ein: ., ? oder !.

a) Lisa ist mit ihren Freundinnen im Schwimmbad ☐

b) Anne ruft: „Los, wir springen vom Brett ☐

c) Bist du schon mal gesprungen ☐“

d) Lisa zittert und geht langsam zur Treppe ☐

e) Sie klettert langsam hinauf ☐

f) Alle rufen: „Wer springt zuerst ☐“

g) „Lisa, hast du etwa Angst ☐“

h) „Du bist feige ☐“

i) „Los, spring schon ☐“

j) Lisas Herz klopft wie verrückt ☐

k) Sie springt ☐

l) Als Lisa auftaucht, lacht sie ☐

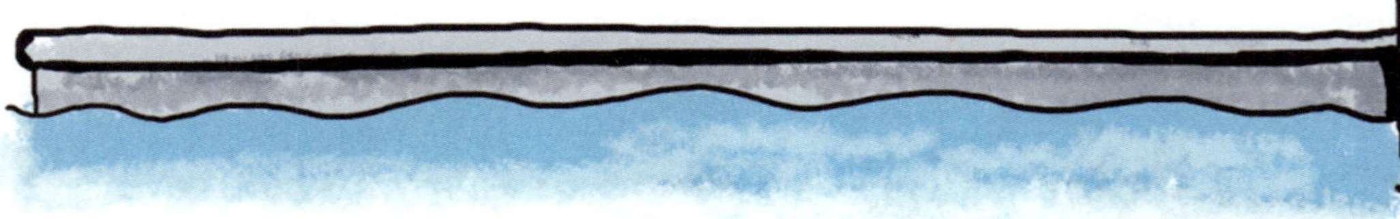

9 Wörter aus anderen Sprachen kennen

1 Wir verwenden manchmal englische und französische Wörter.
Verbinde passend.

airport | party | flyer | team

Feier | Info-Zettel | Flughafen | Mannschaft

parcours | étage | madame | dessert

Rundweg | Nachspeise | Stockwerk | Frau

9 Wörter aus verschiedenen Dialekten kennen

1 Menschen in Deutschland sprechen unterschiedliche Dialekte.
Verbindet und schreibt die Wörter auf.

a) **In Berlin**

Bolle	Brötchen	Bolle – Zwiebel
Schrippe	Flasche	
Pulle	Zwiebel	

b) **In Bayern**

Bub	Fahrrad	
Semmel	Junge	
Radl	Brötchen	

c) **In Hamburg**

Deern	Gespräch	
Schnack	Flasche	
Buddel	Mädchen	

9 Wörter mit zwei Bedeutungen kennenlernen

1 Manchmal hat ein Wort zwei Bedeutungen.
Findet zu jedem Wort die beiden Bilder.

Hahn	Blatt	Löwenzahn
Schloss	Birne	

2 Male immer zwei Bilder
mit der passenden Farbe aus 1 aus.

9 Andere Schriftzeichen kennenlernen

1 Betrachte die Tafel mit den arabischen Schriftzeichen.

a	ا	h	ه	i, j	ي
e	ى	k	ك	t	ت
b	ب	l	ل	weiches s	ز
p	پ	m	م	scharfes s	س
d	د	n	ن	sch	ش
f	ف	o, u, v, w	و		
g	غ	r	ر		

2

9 Geheimschriften entschlüsseln

1 Schreibe die Sätze richtig auf.

a) .etieS etztel eid tsi seiD ←

Dies i

b) D b s e n c l u r u h
u i t i s h a e F c s !

Du

c)

A	B	C	D	E	F	G	H	I	J	K	L	M
1	2	3	4	5	6	7	8	9	10	11	12	13
N	O	P	Q	R	S	T	U	V	W	X	Y	Z
14	15	16	17	18	19	20	21	22	23	24	25	26

4 21 8 1 19 20 5 19 7 5 19 3 8 1 6 6 20 !

Du h

Einsterns Schwester 2
leicht gemacht

Themenheft 1
Sprache untersuchen

Herausgegeben von:	Roland Bauer, Jutta Maurach
Erarbeitet von:	Roland Bauer, Jutta Maurach, Martina Schramm
Fachliche Beratung exekutive Funktionen:	Dr. Sabine Kubesch, INSTITUT BILDUNG plus, im Auftrag des ZNL Transfer Zentrum für Neurowissenschaften und Lernen, Ulm
Redaktion:	Martina Schramm, Sabine Gerber
Illustration:	Yo Rühmer, Frankfurt am Main
Umschlaggestaltung:	Cornelia Gründer, agentur corngreen, Leipzig
Layout und technische Umsetzung:	lernsatz.de

fex

fex steht für *Förderung exekutiver Funktionen*. Hierbei werden neueste Erkenntnisse der kognitiven Neurowissenschaft zum spielerischen Training exekutiver Funktionen für die Praxis nutzbar gemacht. **fex** wurde vom **ZNL TransferZentrum für Neurowissenschaften und Lernen** *(www.znl-ulm.de)* an der Universität Ulm gemeinsam mit der **Wehrfritz GmbH** *(www.wehrfritz.com)* ins Leben gerufen. Der Cornelsen Verlag hat in Kooperation mit dem ZNL ein Konzept für die Förderung exekutiver Funktionen im Unterrichtswerk *Einsterns Schwester* entwickelt.

www.cornelsen.de

1. Auflage, 3. Druck 2019

Alle Drucke dieser Auflage sind inhaltlich unverändert
und können im Unterricht nebeneinander verwendet werden.

Druck: Parzeller print & media GmbH & Co. KG, Fulda

ISBN 978-3-06-084278-0

Dieses Heft ist Bestandteil des Pakets „Einsterns Schwester 2 leicht gemacht" (ISBN 978-3-06-084277-3) und kann auch einzeln bestellt werden.
Das Paket ist auch als E-Book erhältlich (ISBN 978-3-06-084297-1).

PEFC
PEFC/04-31-1308

PEFC zertifiziert
Dieses Produkt stammt aus nachhaltig bewirtschafteten Wäldern und kontrollierten Quellen.
www.pefc.de